乐游松江

FASCINATING SONGJIANG

松江区旅游局 编

中国出版集团
東方出版中心

Hotel 上海立诗顿宾馆

序

东南名府、海派根柢，百年中国看上海，上海文脉在松江！作家王安忆在作《海派文化的“源”与“流”》学术讲演时曾说：“松江是上海的前生，上海是松江的今世。”的确，从今天市声鼎沸、灯红酒绿的国际化大都市回瞰峰泖大地，从新石器时代崧泽文化、广富林文化发轫，一路历经周秦滋育、春申凿浦、晋代文学、宋末置镇、唐代立县、元代开府、明代极盛、近代开埠、现当代社会主义建设和改革开放，人文炽盛的热土松江，为上海留下了一串串融古今中外大观于一体的厚重文化脚印，一处处胜迹璀璨、风光旖旎的旅游资源。

山水人文秀，欢乐松江游。道不尽的华亭沧桑，阅不尽的松江胜景。

在移动互联的时代，这本翰墨芳菲、五色斑斓的《乐游松江》，以融合出版的创新形态，所呈现的是一种新颖的引领性阅读。

在内容定位上，《乐游松江》纸质书将松江旅游分为寻根之旅、静修之旅、园林之旅、艺术之旅、美食之旅、运动休闲之旅、乡村之旅、科普之旅、赏花之旅9个方面，分门别类设计了精品线路，并给予“主题+体验”式的权威、准确的点睛式阅读，网尽吃住行游娱购，行文风格十分“接地气”，加上名家摄影作品点缀于字里行间，堪称图文并茂、赏心悦目。

更为精彩的是本书的融合出版创意形式，即适应移动互联时代的阅读潮流，通过较多地置入二维码的方式，使读者通过手机扫码，获取双“主题+体验”，即既具备阅读过程中的“主题＋体验”，又能实现实际旅行过程中的“主题＋体验”：在纸质阅读的基础上，读者可以通过扫码，直接将书中“主题＋体验”的亮点部分切换到手机端，收看H5富媒体内容、微视频，并可即时在微信转发；还可以通过扫码听取“喜马拉雅”专为本书制作的音频导览，在旅行的过程中随境切换到“听书”模式；更为难能可贵的，本书还是一本开放的双向交互式的“自生长”旅游图书，读者可以通过UGC（内容用户生成）方式，不断上传“主题+体验”优质内容，为本书添砖加瓦。

动静结合、眼耳并用，开启立体化、全感观“悦读”模式，《乐游松江》，一本就“Go”！

松江区人民政府副区长

人文山水秀，欢乐松江游
松江历史 / 松江文化，云间传承 / 松江之最
人文山水秀 欢乐松江游
视频：放松游松江

松江历史

松江是上海历史文化的发源地；

是上海之根；

是江南著名的鱼米之乡；

是“苏松税赋半天下”的松江府。

这里是大公园，这里是大学城，这里是娱乐城。

这里是——松江。

★松江古称华亭，别称云间、茸城。

★唐置华亭县，元初改称松江县并升府。

★明清时亦曾为松江府驻地，为全国著名的33个工商大城市之一。

★明清的松江府管辖今天吴淞江以南的大半个上海，在明初下辖华亭、上海两县，后来陆续增设，到清末拥有七县（华亭、娄县、上海、南汇、青浦、奉贤、金山）和一厅（川沙）。

★1958年，整个松江地区由江苏划归上海。

★1998年撤县设区，成立“松江区”。

松江文化，云间传承

早在4000年前，松江广富林接纳了中原的部族先民，从而使“广富林文化”具有黄河流域移民带来的中原文化的显著特征，焕发了多元文化交融的光芒。博采众长的文化，造就了松江人开放、开明的性格和海纳百川、大气包容的胸襟。

1.绘画

松江古称“云间”，诞生了著名的“云间画派”。这个画派讲究水晕墨章，古雅神韵，富于江南清疏情致，对后世及“海上画派”的形成具有较大影响。《绘事微言》里记载：“文人学画山水，易入松江派头。”从严格意义上讲，这是泛指明末松江地区一批艺术旨趣相近、笔墨技法互补的画家群体，他们之间大多为画友关系，也有师生相承者。

董其昌是这个画派的代表人物，明代松江府人。他不仅是松江派的领袖，同时也被尊奉为整个画坛的大宗师，引领了当时的全国潮流，其影响直到现代。北京故宫博物院曾经从院藏的180多万件画作中精选出部分制作成60卷图册，其中有一册就名曰《松江绘画》。

2.书法

董其昌17岁时参加松江府会考，写了一篇很得意的八股文，自以为稳可夺魁，谁知发榜时竟屈居堂侄董原正之下。原因是文章虽好，而知府嫌他字写得差，只能屈居第二。科举制度以文取士，考官极重视卷面的整洁和书法的工拙，这在明清两代十分普遍，故而有明清

时代“以书取士”之说。此事使董其昌深受刺激，从此他发愤学习书法，成为一代书画家。

董其昌书法疏淡秀逸，为帖学的集大成者，康熙帝酷爱董其昌书法，使董其昌的刻贴《戏鸿堂法帖》风靡海内。清代前期的松江著名书法家还有王鸿绪、张照等，其中王氏三兄弟是董的嫡派传人，乾隆皇帝极其推重王氏的外甥张照，称他为“羲之后一人，舍照谁能若”。当然，传世年代最早的名家法帖，有“法帖之祖”美誉的，莫过于出生于松江的西晋陆机的《平复帖》。

3.文学

松江古代文学和“二陆”有密切关系。“二陆”是指晋代文学家陆机、陆云兄弟，出生于吴郡华亭（今上海市松江区）。陆机，西晋文学家、书法家，“少有奇才，文章冠世”。陆机不但著有《文赋》，开文学理论之先河，而且因大量文学创作被后人评为“文章之渊源”。陆云，陆机的胞弟，5岁能读《论语》《诗经》，6岁能文章，与兄陆机齐名。

在明朝后期，松江文坛出现了影响深远的“云间派文学”，它是明清易代之际影响最大的一个文学流派。“云间派文学”以陈子龙为领袖，集明代复古文学之大成，又具有强烈的时代精神。同时，陆龟蒙、王安石、梅尧臣等文豪也在松江留下了隽永的文学作品。

入口
entrance
入口
entrance

森林公園

松江之最

上海陆地海拔最高的山林：佘山国家森林公园

松江区西北平畴绿野间的一群小山丘，有“松郡九峰”之称。这些小山林木深秀，森林覆盖率达86%以上，是上海有名的“绿肺”，佘山国家森林公园就位于其中。

上海地区唯一以山水为景的雕塑艺术园：月湖雕塑公园

月湖雕塑公园位于上海佘山国家旅游度假区，是一座集现代雕塑、自然山水、景观艺术于一体的综合性艺术园区。

远东第一圣殿：佘山圣母大殿

在西佘山顶，有被誉为“远东第一圣殿”的佘山圣母大殿，是与法国罗德圣母大殿齐名的天主教堂。

世界同纬度植物种类最多的植物王国：上海辰山植物园

上海辰山植物园是华东地区规模最大的植物园，也是上海市第二座植物园。中心展示区建造了矿坑花园、岩石和药用植物园等26个专类园，其中展览温室是整个植物园的重要组成部分，室内展示了3000余种植物，其中包括大量色彩鲜艳、植株独特的品种。植物保育区的外围为全长4500米的绿环，展示了欧洲、亚洲、非洲、美洲和大洋洲的代表性适生植物。

上海唯一森林丘陵型生态高尔夫球场：佘山国际高尔夫俱乐部

坐落在上海佘山国家旅游度假区内，与佘山隔河相望，与月湖雕塑公园为邻，是上海唯一的纯私人会员制球场，也是上海地区起伏度最大，有茂密植被覆盖的高尔夫球场。占地1700亩，为18洞72杆国际锦标级高尔夫球场，另有500亩土地用来建造意大利托斯卡纳风格的顶级别墅社区。

目录

1 寻根之旅 Root-seeking Journey 001
2 静修之旅 Journey of Religious Culture 022
3 园林之旅 Journey of Garden 044
4 艺术之旅 Journey of Art 060
5 美食之旅 Journey of Food 082
6 运动休闲之旅 Journey of Sports and Leisure 108
7 乡村之旅 Journey of Countryside 144
8 科普之旅 Journey of Science 158
9 赏花之旅 Journey of Flowers 174

【寻根之旅】

作家王安忆说："当我们谈到上海的时候，我们往往会被现在某些广告、旅游信息暗示着似乎上海是上世纪三四十年代的旗袍、爵士乐、老舞厅，似乎是这些东西，事实上我们上海有它更久远的文明发展，而这个发展和松江很有关系。"

松江古城是上海地区最古老的县城，在古代，松江是上海的"上级领导"。到了元代松江升府后才划出上海县，归松江府管辖。

正因如此，松江的历史文化名人极多，在明朝，进士的总人数就占全国第一。它的文化不仅具有鲜明的海派胎记，更是影响了全国。

更久远地看，上海尚未完全成陆之前，先民们已经在九峰一带生息了。距今4000年的广富林遗址是明证。徐匡迪在任上海市市长时曾戏称："真正的上海人是松江人。"

你知道吗？

上海最早的移民是哪里人？

上海在4000年前就有移民，他们由河南东部迁徙而来。

考古工作者在松江区广富林发现了先人遗留下来的生活设施：储存物品的窖与搭建房屋的柱洞。经测试，这些物品属于距今4000年前的文化。上海市文物管理委员会考古部主任宋健说：广富林文化遗存属于中原文化，即河南东部地区被称为“王油坊类型”的文化。这表明，4000年前有一支河南东部移民迁徙至上海。宋健分析，4000年前正是洪水泛滥的年代，大禹治水的故事就发生在这一时期。

你知道松江的别称吗？

华亭：华亭为松江古称，最早见于史志，是三国时陆逊因功被吴王孙权封为华亭侯。据考，当时的华亭是浙东

会稽郡由拳县东部的一个亭，陆逊被封侯后，华亭开始闻名。

茸城、五茸：与古代松江水草肥美，适应梅花鹿生存有关。梅花鹿在九峰三泖繁衍生息长达四千余年，于是就有了“十鹿九回头”的俗语。如今，上海松江地区还有茸城论坛、茸城出租车公司等。

鲈乡：自古，四鳃鲈因松江而名闻四方，有着“江南第一名鱼”之美称。四鳃鲈鳃膜上有两橙色斜纹，酷似2片鳃叶，故有“四鳃鲈”之称。

鹤城：古时华亭经常有鹤，西晋著名文学家、书法家陆机，出身于华亭（松江），闲暇中优哉游哉于沼泽滩涂，看鹤舞翩跹，听鹤唳凄清，他在临刑前亦悲叹：“华亭鹤唳，岂可复闻乎！”

云间：是松江至今使用得最多的别称，典出陆云在洛阳与名士荀隐联对之句“云间陆士龙”。

松江史记：广富林文化遗址

广富林相当于一部松江以及上海地区的《史记》。大约在新石器时代晚期，居住于黄河中下游的先民由于面临洪水之灾，移民迁徙到了长江淮河流域，有一部分人选择了松江佘山作为最终栖息之地，留下了现在的广富林古文化。这些勇敢的人们，也许就是长三角地区人民的祖先吧。

1958年，当地村民在开河时发现了广富林古文化遗址，之后共进行过四次考古发掘。考古发现，这里是一个包括了从四千多年前良渚文化开始，到周、汉、宋、元各个时期文物的大型遗址。四五千年前的新石器时代晚期，广富林一带就已经普遍种植水稻，悠久的农耕史，表明了当地具有先进的农业生产方式。遗址还出土有新石器时代晚期的陶纺轮，可见当地的纺织历史之久远。

新建的广富林遗址博物馆很有特色，是全国唯一的"水下博物馆"，是一座一半在水上一半在水下的建筑群，感觉像水润古城，气势恢宏。室内的"历史文化展示馆"，通过各种立体的展示手段，带领游客穿越5000年历史，不仅回到远古，还能看到未来。里面还有一座知也禅寺，寺院大气，庄严不失意趣，古雅且不刻板。

松江区广富林街道

浦江烟渚：黄浦江的起始段

✉ 松江区石湖荡镇东夏村境东

黄浦江是大上海的母亲河，它的起点就在松江石湖荡镇东夏村，这里有一块巨石，刻有“浦江之首”四个大字，标明是黄浦江零公里处。虽说黄浦江的水来自浙西北、太湖、淀山湖，有几条大河引来大水汇合于此，但是只有从此处才开始被称为“黄浦江”。

早在春秋战国时期，春申君就是在这里治理浦江河道，使得松江农业大发展，所以上海简称“申”。在松江浦江之首公园，建造了纪念春申君的“春申堂”，正前方有一座宝塔，塔内有镇水龙王，面对浩瀚黄浦江。耸立在视野开阔最东面的，也是如巨人站岗的航标灯塔。

此处地形如同一个半岛，三面环水，修建了亭台楼阁，环境极其幽静。那时的大江小河交织于此，便有了松江二十四景之一的“浦江烟渚”。在这附近有一座江南风格的望江亭，亭上“浦江烟渚”四个大字，更添江南韵味。偶尔，飞过几只悠闲鹭鸟，它们时而盘旋，似放飞的风筝；时而目不斜视，振翅飞向远方。

你知道吴淞江吗？

松江旧时水名还有松水、淞江、吴淞江之称，黄浦江水系未形成前，则由吴淞江水系导流泄洪（流经上海市区内，被称为“苏州河”）。松江为楚相春申君黄歇的封地，相传黄歇曾经治理松水，故后来的浦江姓“黄”，又名“春申江”，人说松江水脉开启申城史河，皆源于此。

上海最古老的地面建筑：松江唐陀罗尼经幢

唐经幢位于上海市松江区中山小学内，是现存上海最古老的地面建筑，建于唐大中十三年（859年），用大青石雕刻垒砌而成，现存21级，高9.3米。幢身8面，刻有《尊胜陀罗尼经》全文，并有题记，故名陀罗尼经幢。

经幢题记中有“立于通衢”等语，可见立幢之地，原为四通八达的大道。幢的本意就是旌幡，本是我国古代作仪仗用的以羽毛为饰的一种旗帜。佛教传入中国以后，佛教徒在长筒圆形绸伞上写经叫“经幢”，为了保持耐久，又将经刻于石柱上叫“石幢”，后来亦称为“经幢”。经幢创始于唐代，往往用多块石刻堆建而成，柱上有盘盖，大于柱径，通常刻有垂幔、飘带等图案，柱身一般刻有陀罗尼经或其他经文佛像等。

因为历经沧桑，破坏严重，现在已经感觉不到经幢的完整性了。1960年初，在通波塘畔的中山小学操场中，仅可见到此幢幢身及以上十级屹立于土墩上，饱受风雨侵蚀，多龟裂断残，倾斜亦严重，幢上勾栏部分完整的仅剩八分之一。1963年修复时，才发现墩内幢身以下连底座尚有10级，于是在底座旁围条石并筑约3米高的围墙，墙外再以石块和泥土堆成土墩，才得以将经幢保存下来。

三座古桥，见证松江城历史

在江南水乡，每一座古桥都是古城镇的重要标志，寻觅古桥就是寻觅历史。原先松江镇河道纵横，桥梁密布，之后河道大多被填平，许多桥梁被拆除，现今松江城区内仅留下了三座古桥：望仙桥、云间第一桥和大仓桥。

望仙桥

在方塔园的东南有一座毫不起眼的石梁平桥，名为“望仙桥”，是宋代的遗物，是上海地区现存最古老的石板桥之一，是清代以前松江城里南北干道上的一座重要桥梁，饱受八百余年的历史风霜，现在成了公园内的一景。

望仙桥结构独特，它只有一跨，最早是宋代典型的木石复合式结构，在略呈拱形的武康石桥面下，用木梁支撑，以增强桥面抗力，用最少的材料造出负荷力度最大的桥梁。因年久，木构件现无存，仔细观察，当年安放木肋的桥基榫洞依然存在。这种“木肋石板桥”的特殊结构，全国仅此一例。

古人为何把这一石板桥称之为“望仙桥”呢？因为在宋代以后，方塔上曾经有鹤筑巢，时时在方塔周围飞翔，唳声清清，分外动人。传说仙人都是“乘鹤来去”，站在桥上可见乘鹤而来的仙人，此桥故得名为“望仙桥”。

云间第一桥

松江跨塘桥初名安龙桥，因横跨古浦塘又称跨塘桥，初建于宋代，系木结构大桥。相传明代某年端午节一次赛龙舟，观众挤于桥上，桥因超重而坍塌。明成化年间，知府王衡在旧址上重建石桥，是当时松江最大的一座桥，从此改名“云间第一桥”，即现在的三孔大桥。五百余年来，该桥保留着原有的端庄雄伟、古朴典雅的风貌，更体现出江南古桥的特色。

清同治年间重修。东面桥拱上有同治年间镌刻的“云间第一桥”，桥柱刻有“南无阿弥陀佛”之句。中间桥孔的上方石缝中长着一棵老树，为古桥平添了生机和观赏性。桥边还有一亭，名叫“祭江亭”。明末清兵下江南，松江陈子龙等人组织抗清起义，失败后被捕，在解押路过此桥时，突然奋跃入水，自沉殉国。后人为纪念他，在桥边修建此亭。

松江区中山西路玉树路交口附近

大仓桥

大仓桥与云间第一桥一路之隔，东西相望，横跨于松江市河。桥建于明代（1626年），五孔石拱桥，是目前上海地区最大的古桥之一。桥洞上方石刻“永丰桥”，这是它原先的名字。因长年的河道淤塞，五孔桥现今只有中间三孔通河，南北末端的二桥孔已成为旱洞。

云间第一楼：松江二中门楼

松江区中山东路250号(近方塔北路)

相传“云间第一楼”楼基原是三国时东吴大将陆逊的点将台，后为松江府署谯楼，府署有记录是元贞元年（1295年）建成，后屡次重修，抗战期间被日军破坏，仅存残架，一直到20世纪末，才重新仿造新楼。旧时松江城内房屋以两层居多，而“云间第一楼”高达16米，堪称松江城中第一高楼。

如今千年古城楼“云间第一楼”为上海市松江二中的学校大门。上海市松江二中是上海著名重点中学，上海市首批命名的实验性、示范性高中，创建于1904年。门楼的建筑风格是我国传统的双重檐歇山顶式，楼面阔五间，全部用柱子撑起。古楼清水砖墙，翘角飞逸，古色古香，与宋代张择端绘制的《清明上河图》中的楼阁式建筑相仿。

四水会波：千年古镇泗泾

这是一座具有悠久历史和深厚文化底蕴的千年古镇。北宋时期，当地农民、渔夫就在此地筑屋定居，形成村落，名“会波村”，为泗泾镇之开端。后来因为此地有外波、通波、洞泾、张泾等四水汇聚，故取镇名为“泗泾”。

泗泾老街是了解泗泾镇历史的最好选择，老街的大门口，古牌楼已经整修一新，四个有力的金字用刀刻碑文见长的北碑书法刻写，古镇韵味顿时彰显。飞檐翘角的方塔，还有武安桥、福连桥、普度桥，构成了这块风水宝地的“三弓一箭”。

【静修之旅】

松江五教荟萃，是上海各区县中拥有宗教形态最多的地方，著名的有远东第一圣殿：佘山圣母大殿；上海最古老的伊斯兰教建筑：松江清真寺；上海最古老的地面建筑：松江唐陀罗尼经幢；还有江南名刹：西林禅寺。

你知道上海有『比萨斜塔』吗？

你知道上海有“比萨斜塔”吗？

在天马山圆智教寺后的半山腰间，有一座千年斜塔护珠塔，又称护珠宝光塔，建于北宋元丰三年（1079年），砖石结构，七层八角，高18.82米，是上海市文物保护单位。近千年以来，由于地基变动，塔身逐渐朝东南方向倾斜，截至2015年，护珠塔向东偏离2.28米，倾斜度7.10°。由于其斜度已超过了著名的意大利比萨斜塔，故有“上海比萨斜塔”之称，成为上海一大奇观。

你知道纳速剌丁达鲁花赤之墓吗?

松江清真寺中最值得瞻仰和纪念的是元代纳速剌丁达鲁花赤之墓。纳速剌丁率军进入松江后，便成为松江地方长官"达鲁花赤"，逝世之后也埋葬于此。这是一个简朴的石墓，墓盖作长条形石盖，石盖中间隆起，成条花状石盖，具有伊斯兰教官墓的特色，更具阿拉伯人首领墓的风格。据元史记载，纳速剌丁任松江府最高长官"达鲁花赤"时，颇有政绩，治邑升平，百姓富足，他还能很好地继承传统文化，重视儒家道家的才士。在宗教信仰方面也颇开明，能很好与松郡佛教、道教人士相处，强调"三教同源"。所以纳速剌丁博得了后人的称赞。松郡有了达鲁花赤石墓，有了窖殿等名胜，便有了清真寺，使其成为上海地区最早的伊斯兰纪念活动的胜地。

远东第一圣殿：佘山圣母大殿

在西佘山顶上，有被誉为“远东第一圣殿”的佘山圣母大殿，该堂于1871年由法国传教士始建，1925年改建，1935年改建完工。佘山圣母大殿1942年9月2日被罗马教廷敕封为“乙等大殿”，即仅次于罗马教廷大殿的第二等大殿。佘山圣母大殿可容纳约1500名教友，与法国罗德圣母大殿齐名，为世界闻名的天主教圣地，也是国内天主教最主要的朝圣地之一。

参观佘山圣母大殿，有几个必看的亮点：第一亮点：整幢建筑有“四无”之称，即无钉无木无钢无梁，堪称不对称的建筑典范。第二亮点：五彩花玻璃大小不一，形状各异，阳光透过五彩玻璃折射到大殿，仿若天堂。第三亮点：大殿集多种建筑风格于一体，其拱顶、甬道为罗马式，廊柱为希腊式，尖顶为哥特式，橄榄形钟楼为以色列式，东端小圆顶为西班牙式，清水壁、斗角地砖、琉璃瓦则为中式。融合多种建筑风格，实属罕见。

圣母大殿内冬暖夏凉，采光极好，廊柱和斗拱之间的壁槽具有良好的吸潮功能和清洁功能。佘山圣母大殿于1925年圣母月翻建时，由当时的姚宗礼主教祝圣奠基，教区著名的建筑设计师叶肇昌亲自设计并参与施工，至1935年11月6日宣告竣工，历时十年又六个月；由当时的主教惠济民主持开大礼弥撒，造价 300 万元银洋，全由教友捐赠。佘山圣母大殿历经半个多世纪的风侵雨蚀、地震雷击和其他灾害考验，至今一如初建时那样巍然屹立于佘山之颠。

松江区西佘山

上海最古老的伊斯兰教建筑：松江清真寺

上海最古老的伊斯兰教建筑：松江清真寺

✉松江区缸甏巷75号（华亭老街东南侧）

松江清真寺，又名真教寺，是上海地区最古老的伊斯兰教建筑。为什么松江有这样一个清真寺呢？根据《松江志府》记载：元王朝统一中国时，纳速刺丁曾率领部族人，即中亚波斯人，从嘉兴进入松江，他们的部族及子孙就定居于松江，这就是松江穆斯林的来源。松江真教寺最初创建于元朝至正年间（1341-1368年），因为当时该地区的地方长官就是一位穆斯林。

松江清真寺是一座融合中国宫殿式古典风格和阿拉伯建筑风格的伊斯兰教寺院，门内有中国传统建筑照壁，原寺四周都是穆斯林的墓地，其建筑风格既保持阿拉伯圆柱拱顶形状，又有中国明清建筑风貌。东侧为邦克门楼，又名宣礼塔，是为穆斯林前来礼拜用的，屋面十字脊，内壁为砖拱球顶，下辟门洞为出入道口，这是典型的阿拉伯建筑的格局。西侧为礼拜大殿，是典型的明代建筑风格，古色古香，与玲珑剔透的邦克门楼相对称。

除了以上经典建筑，现在寺内还有元代的窑殿，明代的敕建牌、古桧柏，清代的南讲堂、古碑，近代上海第一位去麦加朝觐的阿訇墓……甚至还有龙墙蜿蜒、美丽花园，各式建筑无论造型还是雕刻，都殊为罕见，让人惊叹。

敕建真教寺

江南名刹：西林禅寺

松江西林禅寺，始建于南宋咸淳年间，初名云间接待院，迄今已有七百余年历史。元代的时候被毁，明洪武年间重建，改名为西林禅寺，并修建宝塔，俗称西林塔。正统年间，明英宗亲赐匾额，敕封“大明西林禅寺”，其时僧众达六百余人，暮鼓晨钟，法音梵呗，称为江南名刹，盛极一时。

进门仰视整座大殿，传统的歇山式建筑风格，脊顶左右还饰有象鼻，并塑“前龙后凤”，寓龙凤呈祥之意。加以脊饰七线条回线，灰色古筒瓦屋面，让人仿佛见到了真正的古代建筑。实际上，这气势恢宏的大殿是在原大殿旧址上重修的新建筑，真正比明代还早建造的大殿，现只能看到两块约4吨重的上圆下方的基石，这七百年前的遗物，已成为新大殿的镇殿之宝。

走出大殿后门，仅十余步之遥，即巍峨耸立的西林禅寺圆应宝塔，这是为了纪念南宋云间接待院创始人高僧圆应禅师而建的。塔共七层，高46.5米，是上海最高的一座宝塔。地宫小佛殿有70余尊贴金银质佛像、贴金银质方塔等模型，还有青铜鼎炉、玉盏、玉碗、玉盆等。更令人惊叹的是，地宫内尊供西林禅寺创始高僧圆应禅师的舍利子，此为名刹的镇寺之宝。

✉ 松江华亭老街西端北侧

道教：东岳庙

松江东岳庙始建于何时已无考，只找到记录“宋尚书右丞朱谔始扩大建筑”，历经数代人的修建扩充，至清嘉庆年间初具规模，颇具花木泉石之胜，当时人称松江“城隍庙”。解放后，大殿发现大量白蚁蛀蚀，有倾圮危险，于1964年被拆除，一直到2003年才重新修建。东岳庙主祀东岳大帝，又称泰山神，作为泰山的化身，泰山神是上天与人间沟通的神圣使者，是历代帝王受命于天，治理天下的保护神。

正殿气势磅礴，具皇家气象，中间塑有三

✉ 松江区中山中路196弄9号（庙前街北侧）

尊圣帝金身立像，暗喻泰山九五之尊。殿中设有五彩盘龙柱，左右分立四大天王，高达丈余。正殿之西是杨侯庙，杨侯名杨文圣，相传为松江县的岳官（分掌四方外事的部落首领就叫“岳”），一次他不慎导致全岳被焚，后被尊为神，所以这个神像面容黝黑，呈焦炭色。在杨侯殿的旁边，有时会看见养着几只黑羊，是当地人施舍的，因为听说黑羊为黑面杨侯的坐骑。

这个杨侯庙颇有意思，神像前有大铜镜一面，听说能照视人的前生；供桌下有一个履迹，听说是神靴痕；北梁上高悬大算盘一具，意思就是任尔千算万算，不如我这里一算；西旁万年台上陈列许多泥偶，署名冥间24司；大小阴船三艘，置于屋隅，更有大阴船一艘，俗称伤司船，独置一室。

【园林之旅】

中国园林在世界园林史上独树一帜，讲究"虽由人作，宛自天开"，融合传统建筑、文学、书画、雕刻和工艺等于一体。中国园林又以江南私家园林最为精致巧妙，大多以表现大自然的天然山水景色为主旨，所造假山池沼，宛如天成，充分反映了天人合一的特色。

松江堪称园林荟萃之地，自明代以来，私家园林渐多，明清时期松江冠冕云集，官邸园林汇聚，数量之多、技艺之精美，与当时苏州、杭州、嘉兴三府齐名，而且园林主人大都是著名的画家和诗人，他们将胸中丘壑与野趣运用于造园中，座座园林均骨格清秀，古拙高雅，充满诗情画意。

你知道吗？

你知道上海的五大古典园林吗？

青浦曲水园、嘉定秋霞圃、南翔古猗园、黄浦豫园、松江醉白池合为上海五大古典园林。古猗园规模最大，绿竹猗猗；豫园城市山林，以小见大；曲水园，因在大盈浦旁，取曲水流觞之意；秋霞圃灵巧古老，独具特色；而醉白池是最古老的园林。

醉白池主人顾大申是谁？

顾大申是江苏华亭（今上海市松江区）人，清代水利专家，顺治九年（1652年）进士，官至工部郎中，后来回家乡购置江南名园，即现在的醉白池。顾大申兼善书画，为松江画派之后劲，传世作品有《秋日山居图》《老松飞瀑图》《寒林高士图》等。

方塔流行在什么朝代？

方形平面的塔在唐代很盛行，大多用砖，从外形来看，继承了四面八方的传统建筑风格。最典型的是西安慈恩寺大雁塔和荐福寺小雁塔。

高君藩是谁？

高家花园的主人高君藩，是高吹万（南社诗人，与常州钱名山、昆山胡石亭合称“江南三名士”，又与南社台柱柳亚子交往深厚）的第二个儿子。在商业投资方面，高君藩在民国32年（1943年）创立过钱庄；在艺术收藏方面，他比较喜欢砚台和书画类。他的斋室名就叫“一砚斋”，因藏陆俨山所用古端砚一方而得名。

醉白清荷：醉白池公园

五色泉

✉ 松江区人民南路64号

醉白池在上海五大古典园林中，历史最悠久，从这座园林的前身算起，已有九百余年历史，前身名叫“谷阳园”，是宋代松江进士朱之纯的私家宅园。此名是为了纪念松江人陆机、陆云，因为陆机曾有诗说“仿佛谷水阳”，说自己的家乡在谷水之阳。

到了明朝末年，松江籍著名书画家、礼部尚书董其昌在此处建造“四面厅”、“疑航”等建筑，并交结了当时一批文人在此处吟诗作赋。清康熙年间，著名画家顾大申将此处列为私人别墅，他以七百平方米长方形荷花池为主体，以不规则对称等园艺手法建造池岸，以竹、梅、假山、奇石为相互配衬，融合一体，建造了这座名扬江南的

醉白池。

为什么叫它“醉白池”呢？宋代诗人韩琦对唐代诗人白居易的诗十分迷醉，曾在故乡河南安阳建筑了一座古典厅堂名叫“醉白堂”，顾大申也非常崇拜白居易，于是仿效韩琦的做法，将自己的园林命名为“醉白池”。

几经兴废，几经劫难，如今的醉白池有《赤壁赋》真迹石刻等艺术瑰宝，还有树龄在三四百年的古银杏、古樟树，年龄在百年以上的牡丹。今天的醉白池，古木参天，怪石嶙峋，楼台亭榭相连，曲径回廊相接，古朴清雅，闻名江南。

视频：醉白池

方塔风铃：上海方塔园

松江方塔，塔身瘦长，塔檐宽大，形体犹似一位身着长裙、婷婷玉立的少女。清代松江诗人黄霆盛赞方塔：“近海浮图三十六，怎如方塔最玲珑。”形象生动地描绘了方塔的特色。

松江方塔建于北宋年间，塔高9层，距今900多年。因袭唐代砖塔形制成四方形，故俗称方塔。塔顶部是由覆盆、相轮、宝瓶组成的高达八米的塔刹，有4根铁索，从尖顶拖向第九层的檐角，称为“风浪索”。塔檐四角系有铜铃，名曰“警鸟”，风吹铃响，悦耳动听，为防止鸟儿落塔做窝而置。

方塔能屹立千年而不倒，与其科学而巧妙的构造是分不开的。首先，在方塔塔体中，木材料极多，除外部的楼梯、平座、塔檐、斗拱外，塔体内每层还设有木箍三道。这种做法在建筑中是被禁止的，因为木质易腐会造成建筑松垮。但方塔所有的留存木材（指宋代原物）都没有虫蛀腐朽，连白蚁也没有，这是一个奇迹。据专家分析，木材肯定经过了防腐柔韧处理，千年不腐，炮轰不倒。

其次，在修缮方塔时发现方塔塔基是用木桩打成的，先人利用木材特性“干千年，湿千年，干干湿湿两三年”的道理，成功地筑就了方塔，使方塔千年不倒，而且倾斜也很小。再次，方塔的塔基与众不同，它向东南倾斜，西北角最高处为40公分，而东南角却只有20公分，人站在塔中，会明显感到地面的倾斜。这不是建塔时的疏忽，而是古代工匠的智慧。因为松江东临大海，夏季东南风、台风比较多，因此塔基有意识地往东南方向倾斜。

北宋沈括在他的《梦溪笔谈》一书中写过一个故事：有一个造塔老工匠，暮年时造了这样一座斜塔，大家看不懂，问他为什么要造这样一座塔呢？他说：“我们这些人是看不到了，这座塔在两百年以后就会变成一座直塔，而且永远不再倾斜了。”由此可见方塔与老木匠所建之塔如出一辙，是在研究了当地的气象、地质，以及塔形、材料、制作工艺等的基础上建立起来的，也因此可知这座塔的价值重大。

✉松江区中山东路235号
（近方塔南路）

颐园听雨：高家花园

“颐园”是上海现存最小的迷你园林，但山池桥楼、阁斋舫榭、古树翠竹一应俱全。原系清代赵梅住宅的一部分，1937年归高君藩所有，当地人称“高家花园”。据说雨景是颐园一绝。

池塘侧的黄石假山是明代松江籍叠石名匠张南垣的作品，假山凌空于地，有石径盘旋而上，然后折道而下，曲径通幽。不得不提的是池畔的“双楼”，按松江民间的说法，南面一幢是“戏楼”，北边一幢为“看楼”，两幢楼都是砖木结构，造型端庄秀丽。著名作家和考古学家师陀曾经考察过颐园，他说：“明代戏楼保存得如此完整，全国恐怕仅此一处了。”

✉ 松江区松汇西路1172号
（现为上海市第四福利院）

【艺术之旅】

艺术离我们既远又近，琴棋书画是艺术，品茶是艺术，生活同样也是艺术。生活是柴米油盐，五味杂陈，吃饭、步行、工作、学习，在生活中感悟艺术，是打开向善向美的心境。

松江就是这样一个地方，让你在那些具有艺术气息的地方，静下心来感受生活。也许我们并没有大师一样的视觉和听觉去发现集大成的艺术，但是赏雕塑、喝咖啡，甚至散步，就是离生活化的艺术最近的路。

你知道有人
把月湖雕塑公园称为宠物公园吗？

因为这是上海唯一一个可以带狗狗进入的公园，市区的朋友们为了让狗狗欢乐撒野，不惜驾车赶到月湖雕塑公园。周末非常热闹，基本就是狗狗的聚会。狗狗还需要另外买30元门票。

✉ 松江区佘山镇林荫新路1158号

月湖雕塑公园里看雕塑

月湖雕塑公园是一个以现代雕塑艺术为主的大型艺术公园，以上海最大的人工湖月湖为中心，环湖分为春、夏、秋、冬四个不同风貌的岸区。来自荷兰、加拿大、德国、日本等10多个国家的雕塑大师创作的20余座现代雕塑作品，点缀在自然山水间，作品涵盖了石雕、陶艺、铸铜等雕塑造型。

月湖雕塑公园是由台湾金宝山集团总裁曹日章先生出资修建的，曹先生还在桂林修建了愚自乐园，为以洞窟艺术与当代雕塑为主的大型国际地景艺术公园。

进入园区月光广场，能感受到春的气息。由保加利亚雕塑大师格沃基·费林制作的《飞向永恒》肃立面前，直指天空的飞翼，如同泡沫翻滚的巨浪，在无尽的轮回中不断地自我重生。夏区是利用月湖的天然湖泊优势，和近5000吨黄沙修建的人造沙滩，让游客感受到夏日海滩的气息。特别是矗立在夏岸的由真树、假树共同组成的高12米的数棵大榕树是一大亮点。秋区主要有婚纱馆和秋月坊，给人带来那种成熟和惬意的秋韵。冬区岸边的老梅树在冬雪中傲放，使人感受到在万物皆萧时梅树那卓越的风姿。

如何欣赏一部雕塑作品呢？雕塑作品大多是为某一特定环境制作的，置于室外就要与环境（如日影、天光、地景、建筑等）发生关系，所以优秀的雕塑作品，要与周围的环境协调，并使环境成为作品的组成部分，共生出新的景观。然后体察作品的内蕴和创意，如果一件雕塑作品能使人在感官上和精神上都得到满足，那么这件作品就成功了。

视频：月湖雕塑公园

泰晤士小镇喝咖啡

泰晤士小镇像松江的一个世外桃源，引入了英国泰晤士河边小镇风情和住宅特征，仿佛将英伦风情整体植入了东方的生活。泰晤士小镇从整体布局到一砖一瓦都体现了原汁原味的欧洲风情，在这里，一切仿佛回到了从前，步步深入这个专为“踱步遐思”者而建的美丽小镇，在流动的建筑中仿佛穿越了时光，莎翁剧中的场景在移步换景中更迭。

从进入小镇的那一刻起，便会不由自主地被小镇绮丽梦幻的英伦风情所吸引。英伦的各时期建筑、街区徐徐展现，仿佛迂回在中世纪的街巷。小镇里几乎每个角落都有恋人在拍摄婚纱照。这里真的是一个浪漫的小镇。走累了，惬意地坐在草地上，看着情侣们在相机前摆出各式各样的表情，也会感到甜蜜而温馨。

泰晤士小镇的沿街商铺，主要以咖啡馆为主。慵懒的下午时光，是喝咖啡最惬意享受的时刻，来一杯醇香的咖啡，翻几页文字，静静享受一个下午的美好。喝咖啡，重要的是心情，因为当你将形形色色的情绪和记忆，如寂寞与忧伤、快乐与欢喜……都一一沉浸在杯子里，咖啡，从此有了无可取代的浓郁滋味。

✉ 松江区三新北路900弄

视频：泰晤士小镇

永安公
國貿飯店
WELCOME TO THE
TRADERS HOTEL
PEACE HOTEL

影视乐园散散步

新
新
東亞旅館

鳳凰樓金銀首飾
寶德古玩店
六 6
Drink Coca-Cola
255

大米舖

永安公司
DANCE HALL
BAR
2548

✉松江区车墩镇北松公路4915号

电影、电视剧里的夜上海并不是在市中心，百乐门也不在静安寺，《情深深雨濛濛》里的依萍跳河的桥也不是苏州河上的桥……它们大多是在上海影视乐园！

位于松江的上海影视乐园，坚持老上海主题的设计原则，“30年代南京路”、“上海里弄民居”等，为影视创作提供了理想的拍摄场景，也让游客们重睹旧上海五光十色的风情。已有多部影片及电视剧在这里拍摄，其中最著名的就是《情深深雨濛濛》《色·戒》《新上海滩》《倾城之恋》《金大班》《与狼共舞》《飘帅》等。

在影视乐园散步，随处可见电影元素，从周璇、阮玲玉、上官云珠、巩俐等著名影星的蜡像，到电影服装展示，还有《日出》《非常大总统》等影片的经典场景，无不勾起人们对经典影片的记忆。坐在有轨电车上，可一路叮叮当当经过“南京路”，仿佛穿过了时光隧道——上世纪30年代的老上海到了！南京路、先施百货、马勒别墅、宋子文旧居、徐家汇天主教堂及电车、电话亭等充满老上海风情的小品把人带回了上世纪的那个年代。

【美食之旅】

品尝当地特色美食是深入了解一个地方的绝佳方式。一次旅行，舌尖上的美味所带来的惬意享受，丝毫不逊于途中所看到的风景。

跟着美食去素有“鱼米之乡”之称的松江吧，品味舌尖上的美味世界！从松江清真寺旁边一碗热乎乎的羊肉汤，到农家乐里的一碗菜饭；从魏晋以来就闻名全国的松江四鳃鲈鱼，到松江大学城旁边全国各地的街头小吃。对美食的念想也是一种生活态度，让离开家乡的人怀念家乡，也让没去过松江的人更加向往。

CAOLU

你知道吗？

草庐沙包

你知道草庐酒家吗？

草庐酒家创建于1942年，迄今已有70年经营历史。初创时，创办人松江名厨金杏荪先生仅有银洋250元，建草庐两间，故名“草庐”。如今草庐酒家的点心是松江点心界的第一块招牌，其菜筋塌饼、烧卖、汤包、葱油饼、生煎馒头等被评为上海名点心。草庐酒家的清蒸河三鲜、黄鳝咸肉烧田螺、香脆鳑鲏鱼等也被定为上海名菜。

你知道“莼鲈之思”吗？

《晋书·张翰传》里的故事非常知名：话说张翰在洛阳为官，见秋风萧瑟，想起了故乡的雉尾莼和四鳃鲈的美味，因此而弃官回乡，并写了一首《秋风歌》曰：“秋风起兮佳景时，淞江水兮鲈鱼肥。三千里兮家来归，恨难得兮仰天悲。”于是在历朝历代的诗坛曲苑中，用“莼鲈”以抒思乡之情或隐归之意，四鳃鲈被流传千古。

鲈乡遗韵：松江四鳃鲈鱼

松江四鳃鲈鱼是明清时的贡品，有“鲈鱼四鳃，独占松江一府，何处佳肴堪与比”之说。松江四鳃鲈鱼肉嫩而肥，鲜而无腥，没有细毛刺，滋味鲜美绝伦，属于野生鱼类中最鲜美的一种。由于生存环境的变化，原来在长江口洄游的松江四鳃鲈鱼，在上个世纪末就向北实现了“种群迁移”。目前松江重新培育的品种，是从长三角以北水域引进的四鳃鲈鱼野生鱼种。

松江鲈鱼的个子不大，长约十二厘米，重不过二三市两。经烹调后，肉似蒜瓣，汤汁呈乳白色，清香可口，还具有一定食补作用，能入药，有安胎、化痰止咳和促进伤口愈合等作用，被誉为“江南第一名鱼”。

宋代《孔氏谈苑》记载：“淞江鲈鱼，长桥南出者四鳃，天生脍（细切鱼）材也。”每逢贵客上门，就用鲜活的鲈鱼切成细小的鱼片或鱼丝，作为珍馐款待客人。到清代后期，尤以四鳃鲈鱼清蒸、煮汤或作羹，炖四鳃鲈鱼时加入香菇、冬笋、火腿、鸡汤等配料，奇香无比，被称为“天下第一名菜”。

Tips

品尝四鳃鲈鱼

品尝四鳃鲈鱼是一件很有仪式感的事，这道菜上桌需要八件食具陪伴，分别为炖盅、汤壶、饭碗、茶杯、调羹、尖头细筷、筷枕以及托盘。盅盖一揭开，似是梅花淡雅清香，炖熟后的四鳃鲈鱼似在展翅翱翔，其中橘红色的四鳃最为引人注目。品尝时，可以先取少量鱼肉放于舌尖，轻轻咀嚼，淡雅梅花香味顿时漫溢。品鱼之后，再喝几口鱼汤或将米饭倒入鱼汤拌着吃，美味之极。

佘山兰笋

佘山高不足百米，但山间竹林茂密，这里盛产一种毛笋，很有名。据史料记载，清康熙南巡到松江就曾品尝此笋，由于此笋嫩、脆、鲜，更有一种特有的兰花香味，很有特色，康熙对其赞不绝口，并为佘山提名“兰笋山”，兰笋因此名扬天下。

兰笋短小纤细，笋壳微黄，且有光泽，笋肉雪白，味鲜可口，且有隐隐兰花香味，置于室内则满屋幽香，令人陶醉不已。有油闷、清拌等十多种吃法，其中兰笋炒鳝丝堪称初春佳肴。每年兰笋上市的时候，游客们可以到松江品茶尝兰笋宴，回家也可以捎上一筐新鲜兰笋。

兰花酱小茄

兰花小茄子，松江人称为“小落苏”，因食之有兰花清香而得名。松江的兰花酱小茄、闵行的三林塘酱瓜、崇明的酱包瓜被称为上海酱菜中的三绝。松江兰花酱小茄甜酸适中，肉质爽口，中心如咸蛋黄，有油渗出，曾为进贡宫廷的贡品，清代慈禧太后十分喜欢。上世纪70年代末，酱小茄出口日本，颇受日本消费者欢迎。

兰花小茄子的形状和颜色与普通茄子没有区别，但个体极小，长成后只有拇指般大小，且籽少皮薄，质地比普通茄子硬。可以将刚摘下的鲜嫩小茄洗净，用适量的盐、少量明矾腌制，用石块等重物稍稍加压，腌渍四五个小时后，即可食用，极为爽口。或者将腌制好的小茄再入酱，加适量的糖，有时还可再加些桂花，以增加香味，放在阳光下晒五六天即成。将它们置于缸或罐中，久藏不会变质。

兰花酱小茄

农家土糕

松江自古是江南著名的鱼米之乡，这里气候宜人，雨量充沛，盛产的优质稻米名扬于世。生活在松江的农民每到春节，都有一种习俗，便是用当地特产的优质糯米，磨粉做成一种特有的土糕食用，并成为赠送亲朋好友的吉祥之物，意为“糕”升发财。农家土糕选用优质糯米，经古老的掏、磨、晒、搓、蒸等多道工序，纯手工制成，其糕色洁白剔透，入口滑糯，香甜有弹性，并含有多种人体所需的微量元素，营养极其丰富。

松江米糕
祝您健康
江米糕
您健康

老来青大米

松江
老来青大
LAOLAIQINGDA
香软可口
生产许可
松江
老来青
米
LAO LAI QING MI
上海松江种子公司
上海老来青米业合作社
品名：老来青新大米
原产地：松江
质量等级：优
执行标准：GB1354-86

老来青大米，有几大招牌特点：首先是种植于黄浦江上游水质保护区沿岸，生长在水净、地净、空气净的“三净”环境中；其次它是我国老一辈水稻专家陈永康培育的水稻品种，经过苏州和松江多年合作培育而成，其米香味浓郁诱人，营养丰富；最后，在种植期间基本上使用有机肥，安全无忧。老来青大米做成米饭晶莹如玉，黏而不腻，如果熬粥的话，更是香滑黏稠，实为米中之王。

仓桥水晶梨

仓桥水晶梨是松江区永丰街道（原仓桥镇）的特产，获得“中国地理标志产品”称号。仓桥水晶梨汁多味甜，清香爽口，而且营养丰富，还有多种微量元素，具有润喉益肺等功能。因其表面晶莹光亮，有透明感，所以称为“水晶梨”。2010年上海世博会期间，仓桥水晶梨入选世博特供果品。

黄浦江大闸蟹

【黄浦江大闸蟹礼赞】
西风高亢又吹天
秋到浦南水陌阡
披甲戴盔争上岸
黄毛金爪驻江边
华亭下簖捕捞日
沪上蒸煮丝缕烟
持螯咂出鲜香味
一笑嫣然竟向前

黄浦江大闸蟹原产于松江黄浦江上游地区，有"青背、白脐、金爪、黄毛"的外表特征和肉质鲜香甜美的口味，一直是松江名产。在第四届"丰收杯"全国河蟹大赛上，黄浦江大闸蟹一举获得"最佳口感奖"和"金蟹奖"两项大奖。

松江养大闸蟹有秘诀，一是稀放蟹苗，松江泖港的蟹塘一亩放550—600只扣蟹，打个比喻，大闸蟹的蟹均"住房"面积达一平方米多。二是多种水草，伊乐藻、苦草、轮叶黑藻等，种类多且错落交替生长在水底，方便大闸蟹四处运动。使得这一松江名产重出江湖的秘诀还有：底部充氧、水质调控、放养鲜活饵料等一系列生态新技术。

叶榭软糕

松江浦南地区曾有这样的顺口溜："浦南点心有三宝，亭林馒头张泽饺，叶榭软糕呱呱叫。"松江东南面的叶榭镇，自古就是鱼米之乡，早在清朝乾隆年间，这里已是船民集结之地，由于是水运要道，船民众多，又大多为短暂停留，因此吃饭成了大问题。于是有一位叶姓的当地农民自制了一种糯米糕，形状外方内圆，加入豆沙等配料，吃起来口感香糯软滑，好吃又易带，很受船民欢迎。从此，叶榭软糕名传于世，成为松江传统的地方特产。

鹿鸣村糕点

鹿鸣村是一家专制松江糕点的专业点心店，虽然建店时间不长，但是云集了多位注重挖掘松江传统糕点的原“稻香村”糕点师傅。这里的鹅头颈、赤豆糕、米糕、果蔬团等特色糕团，都非常好吃，深受欢迎。

【运动休闲之旅】

松江拥有上海唯一的自然山林胜地，森林覆盖率达86%以上，还有很多运动休闲场所。松江绿化覆盖率、人均公共绿地等均位居全市前列，是上海的“绿肺”。走进松江，像是走进了一幅清雅、天然的山水画卷中。

在山水画卷般的松江运动是有福的，何况那里有令人感到欢乐、惊喜的各类绿色休闲场所，有绿草如茵、洒满阳光的高尔夫球场，有充满速度与激情的赛车场，有可以登高赏景的“松郡九峰”。步入松江，是步入生命活力与激情的世界。

你知道"松郡九峰"是哪几座山峰?

松江区有"松郡九峰"，均在海拔100米以下，但处处有典故，山山有好景。库公山最小，传说是秦代亢桑子隐居处；凤凰山形如延颈舒翼的凤鸟；薛山，唐代的薛道约在此隐居，又名玉屏山；佘山为九峰之冠，有东西两山，西佘山翠竹幽篁，笋有兰香，又名兰笋山；辰山又名神山，传说元代有道人彭素云居此；天马山是佘山九峰十二山中山林面积最大、海拔最高的一座山，海拔高度99.8米；机山相传为晋代文学家陆机所居，山下有平原村，均称陆机遗迹；横云山则为陆云所居，山上多峭壁，旁边有赭色小山，有"小赤壁"之称；小昆山传说古代产玉，山形如覆盆。

你知道天马山有哪些叫法?

天马山位于佘山西南10公里，距松江城区11公里。古称“干山”，传说春秋吴国干将铸剑于此而得名。因山势陡峭，山体脊线近东西方向，山形如一匹展翅欲飞的天马，后称“天马山”。旧时为佛教胜地，山上多梵宫寺院。每逢阳春三月、初一、十五，便有香客登山进香，香火极盛，故天马山又称“烧香山”。

元旦：佘山登高

元旦：佘山登高

第十届上海佘山“春
放松去
上海佘山元旦

元旦登高活动
健康跑

第九届上海佘山
元旦登高
THE 9TH SESSION OF NEW YEAR DAY'S ASCE

新年登高是中华民族传统的节庆活动，登高有美好的寓意，象征着新的一年能够步步高升。松江佘山的元旦登高活动，如今是上海市民参与热情最高的健身活动之一，已经连续举办近十年。每年元旦，数千名市民集结在松江佘山脚下，通过登高这种与大自然亲密接触的方式，共同表达为新年祈福的美好心愿和迫切期望。

佘山登高受到市民的欢迎，还在于诱人的环境。佘山，九峰十二山，逶迤绵延十多公里，为一马平川的上海营造了绝无仅有的山林景观。直面东佘山景区大门的，是一条有368级台阶的花岗岩登山步道，堪比南京中山陵台阶。两旁绿树成荫，鸟语花香，据测定，这里空气中的负离子含量是市中心的300倍。西佘山景区也是登高望远的绝佳处，这里的自然风景和人文景观最集中。园中古樟成林，遮天蔽日、粗壮挺拔，沿途竹林满坡，风起时竹浪起伏，似琴瑟齐鸣。

节日：欢乐谷狂欢

运行区域危险，
请勿翻越栏杆！

上海欢乐谷地处风景秀丽的佘山国家旅游度假区，由阳光港、欢乐时光、香格里拉、欢乐海洋、上海滩、金矿镇和飓风湾七大主题区组成，园内一条约两公里的主环道和一条约2.5公里的水上游览线将分布在园内的各景点像珍珠项链般串联在一起。

有人说：人的 生必然要坐一次过山车，经历过惊险、恐惧、呼喊、疾风呼啸等，方能体会如何才算是年轻时的小疯狂。那去上海欢乐谷吧。这里有七台惊心动魄的过山车：古老的木质过山车“谷木游龙”，轨道全长1200米，蜿蜒曲折，穿行其中，享受90千米的时速，体验超过10次的太空零重力感受！垂直跌落式过山车“绝顶雄风”45度爬升，180度转弯戛然而止，65米悬空，紧接着60米高的顶峰垂直跌落，感受自由落体的神奇加速度。迪斯科过山车“飞旋驼峰”，“W”形轨道、陀螺式大转盘，置身其中，一秒之内到达中心驼峰，体验难以置信的失重感受。超级扭转过山车“蓝月飞车”，110公里/小时风速疾驰，30米高空俯冲，2秒提速狂飙，S曲线过渡，标准驼峰降落，带来自由飞翔

✉ 松江区佘山国家旅游度假区林湖路888号

的畅快感受！亲子悬挂过山车“大洋历险”全新引进的悬挂式家庭过山车，头顶是蔚蓝的天空，脚下是涌动的喷泉，全家一起欢乐地驰骋于天地之间。6D虚拟过山车“海洋之星”，在真实场景与荧幕画影中穿越，起伏跌宕中感受真实过山车的速度与失重，尖叫不断，乐趣无穷。西部巷道式过山车“矿山历险”，雄伟高耸的金矿山脉，幽暗曲折的穿梭巷道，重温山洪爆发时矿工乘坐矿山车疯狂逃生的惊心动魄。

除了这些让人心惊肉跳的过山车，上海欢乐谷还有世界上落差最高的“激流勇进”、国际经典旋转类亲子项目“小飞鱼”、亚洲惊险之塔“天地双雄”、国际领先4K高清“飞行影院”、最新4D过山车模拟体验馆“海洋之星”……

欢乐谷还是一个能让人放松心情，获得无穷欢乐的地方，每天这里都上演多场精彩的表演，例如大型跨媒体实景水秀《天幕水极》、原创魔术剧《奇幻之门》、气势恢宏的大型马战实景表演《满江红》等精彩演艺项目。

刺激：上海玛雅海滩水公园

刺激：上海玛雅海滩水公园

上海玛雅海滩水公园——华东地区大型水上乐园，坐落于风景秀美的佘山国家旅游度假区，毗邻上海欢乐谷，由全球顶级机构倾力设计，注重“惊险刺激”和“合家游乐”元素的兼容并蓄，融合古代玛雅文化与现代水上游乐体验，是华侨城集团继上海欢乐谷之后，在华东地区推出的又一精品力作。

公园占地20万平方米，拥有全新4滑道“水上跳楼机”“极速水蟒”、大型真人水战互动项目“疯狂水战”、世界领先的双轨水上过山车“大黄蜂”、亚洲最大直径23米超级大喇叭、世界水上竞速之王“大章鱼滑道”、世界广受欢迎的深海漩涡体验项目“巨兽碗”等30余项年轻挑战游乐项目，其中多项获得国际行业协会最佳水上游乐设备奖。此外，更有异域风情歌舞、互动主题游戏等精彩呈现，给游客带来超凡娱水体验。

上海佘山国家旅游度假区林荫新路

上海欢乐谷+玛雅海滩水公园

HSBC
Tiger
Woods
TIGER
WOODS
BUICK
BUICK
Twin Marks

悠闲：上海佘山国际高尔夫俱乐部

佘山国际高尔夫俱乐部位于松江凤凰山东侧，与佘山隔河相望，与月湖雕塑公园为邻。这是泰格·伍兹在中国打过正式比赛的唯一球场。“虎”过之地，总有神奇故事！这里还是世界锦标赛——“汇丰冠军赛”的诞生地，该赛事已经连续举办七届，已经升级为世锦赛，2013年纳入美国高尔夫职业巡回赛赛程。

由N&H公司所设计的上海佘山高尔夫球场是目前上海地区起伏度最大，有最多茂密森林覆盖的高尔夫球场。有些球洞的高程变化超过12米，例如第8洞的极富有戏剧性的变化。这些起伏的小山都被森林覆盖，松树和落叶树交融给人在森林打球的真实感觉。每个洞之间都被树林隔开，相邻的洞避免相互干扰。球场设计规划极力保护原生植被，并网罗1万余棵胸径超过16厘米的大树，精心营造上海唯一森林型生态高尔夫球场。

佘山国际高尔夫俱乐部中1700亩土地为18洞72杆国际锦标级高尔夫球场，另有500亩土地用来建造意大利托斯卡纳风格的顶级别墅社区，是上海唯一的纯私人会员制的球场。在这座上海唯一的森林丘陵型国际高尔夫球场中，可以尽情挥动球杆，感受自然的淳朴气息和运动的乐趣。

佘山国家旅游度假区林荫新路288弄

视频：佘山高尔夫

46
BG
9
94

追风：上海天马赛车场

激烈的赛车运动让人热血沸腾。上海天马赛车场是符合国际标准的赛车场，更是一个汇集精彩赛事的地方，许多车迷也会在赛道开放日前往，用自己的爱车亲身体验在赛道驾驶的乐趣。

上海天马赛车场的F3赛道全长2.063公里，拥有8个左弯6个右弯，为体验极速时尚的赛车运动提供了充分的安全保障。除了国际标准F3赛道外，它还拥有近万平方的试验场和项目设置丰富的越野道，以及与其配套的新闻中心、千人看台、巨型帐篷、卡丁车、电子游戏赛车、汽车影院等设施，并有着独家掌控的道路安全驾驶培训系统，这是国内唯一的能让驾驶者在真实的失控状态下学习如何操控车辆，继而提高主动安全驾驶能力的课程。

松江区沈砖公路3000号（与青浦区交界处）

一起去骑行

随着节能减排的环保意识和健康理念的深入人心，骑行已经是全球的趋势，也是上海最时尚的运动方式之一。自行车是深度的有氧运动，有助于加强心肺功能，促进循环代谢，纾解压力，而且还适合家庭共同活动。

松江的骑行氛围越来越浓。由于台湾流行骑行，许多到松江工作的台湾人带来了这种文化，并带动周围的同事热爱上了骑行运动。大学城的大学生常常喜爱一种叫做“死飞”的自行车。“死飞”自行车后轮的齿轮与后轮直接用螺栓固接，向前踩脚踏板，后轮向前走，如果反向踩脚踏板，后轮向后走。“死飞”自行车成了年轻人街头文化的代表。

松江最有名的骑行路线是“寻根·山水秘境”松江－青浦的线路，策划者“舍弃”了著名的东、西佘山国家森林公园、朱家角、淀山湖，特意安排了被称为“东方神奇的第一斜塔”的天马山护珠斜塔、上海最美的拦路港河堤公路（太浦河青浦段）。在互动体验方面，特意在辰山植物园中安排了扎稻草人的活动；在美食方面，又选取了春夏之交的时令蔬果和农家菜，让骑行者在运动之余也能品尝上海本地的美食。

【乡村之旅】

春赏百花夏摸鱼，秋飘桂香冬饮酒。松江地处上海的郊外，源远流长的农耕文化是松江最有代表性的特色之一，自古就有“米粮仓”之称，因而有着浓郁的乡村旅游体验风情。从市区驱车半个多小时，便能体验林下花海、田园风光、河下摸鱼、野外烧烤等休闲乐趣。人在田边走，如在画中游。这是都市人最喜爱的松江特色生态乡村的味道。

江南第一网

一张比足球场还大的“天罗地网”，横跨两岸，紧紧罩住了百余米宽的河道……这，就是松江区石湖荡镇泖新村的“江南第一网”，每天有不少游客都会来此体验一把捕捞的“大场面”。大网由多条绳索牵拉着吊在水面上方，最低处离河面三米左右。据介绍，大网的边长有100多米，面积足有1.1万平方米，比一个7000多平方米的标准足球场还大得多，是全手工一针一线做出来的。

捕鱼时，大网由电动装置驱动徐徐放入江中，渔夫驾驶一艘小船驶入网中央。等网拉起贴近水面后，渔夫便捞鱼上船。每天渔家只休息6个小时，其余时间内每隔20分钟下一次网。游客不仅可以看捕鱼全程，还可以买下一网，

现吃或带走。

根据渔汛期的变化，每个月拉一网的“认购价”都不同，鱼最多的9月要1500元，鱼少的11月只要300元。除了禁渔期，其余时间游客都能参与这种类似“赌鱼”的活动。凭各人运气，有时一条都捕不到，有时一网能拉上来四筐，约400斤。

每年的5月20日至次年2月20日左右是捕鱼期，游客可在此期间前来体验一番当渔夫的感觉——乘一叶扁舟到这巨大的渔网里嬉水捕鱼，并可将自己捕捞上来的鱼交给厨房加工烹饪，然后惬意地坐在泖河边的休闲餐厅内品尝“自给自足”的肥硕鲜鱼和其他乡村风味十足的农家菜肴。

✉松江区石湖荡镇泖岛路6号

西部渔村里钓鱼

钓鱼的最大乐趣是什么？是"钓胜于鱼"！体悟弥漫自身周围的青山、绿水、鸟语、花香，慢慢进入式地享受垂钓中的那份淡然沉静。当然，如果静静守候过后，能小有所获，便又多一份成就感和分享果实的喜悦！

西部渔村东邻上海九峰之一的小昆山，西面是黄浦江的上游泖河。垂钓场占地600多亩，是华东地区设施最完善的垂钓休闲场所之一。这里最早是国家级水产良种场，一大特点就是，鱼好！钓到的每一条鱼都是经过精心选育、生态养殖的鱼中精品，其中包括一斤多的鲫鱼、两斤多的高品质鳊鱼、十几斤的"乌青"，还有鲈鱼等近十个品种。

松江区小昆山镇西（文翔路西延伸段到底）

番茄农庄

松江区五库现代农业园区

番茄农庄是难得的一块具有浓郁的都市农业气息和江南水乡风光的地方，这里“水净、气净、土净”。由一个个风情各异的村落——苗族村、内蒙古村、江南村、西藏村、新疆村、高尔夫村等组成。住宿客房也各有特点：园林景色中的江南木屋，生气盎然的水上别墅，民族风情浓郁的苗寨吊脚楼、蒙古包、二层藏式土屋楼等，让城市人获得别样的体验。村落中分别散养了孔雀、鸡、鸭、鹅等。白天，游客可以游船垂钓，竹林漫步，湖面冲浪，江边闲坐，放飞风筝，野餐烧烤等。

黄桥村：中国最美乡村

上海松江有个黄桥村，被农业部授予“中国最美休闲乡村”称号，而且之前该村还获过“全国生态文化村”的殊荣。

黄桥村是一个典型的江南农村，属松江区泖港镇。金秋时节，稻田金浪翻涌，溪水清澈见底，站在村边的山丘顶上，便可俯瞰园泄泾、斜塘江和横潦泾（黄浦江上游）三江汇流的美景。村里整洁优美，白墙青瓦，衬着满村的红枫，别有风味。小海田庄——黄桥中华文化读书会虽然不大，却是韵味十足。

说到黄桥，不可不提浦江源温泉森林度假村。度假村沿江绵延数公里，这里也是三江汇流之处，从源头的导航灯鸟瞰整个黄浦江，浦江0公里处的美景尽收眼底。度假村内小桥流水，一步一景，甚至还有从原址原封迁移过来的300多年的徽派老建筑。

江南第一渔村

江南第一渔村，就是松江石湖荡镇泖新村，这里地处黄浦江源头，千百年来孕育了无数传奇。相传乾隆下江南走水路经由此地，留御笔“江南第一鱼”、“江南第一松”。古代文人墨客笔下的“江南第一名鱼”四鳃鲈在泖新村有一个国内最大的育种基地。泖新村每年吸引游客走进鸟语花香的松江新农村，领略田园风光，品尝农家菜肴。

雪浪湖生态园

松江区新浜镇胡曹路699弄100号

雪浪湖生态园

雪浪湖生态园是以风景度假为主体、休闲娱乐为依托的一个风光秀丽、文化氛围浓厚，集吃、住、娱、赏、购于一体的综合性多功能大型生态文化旅游园，地处松江区新浜镇，临近浙江，交通便利，占地1400多亩，有按国家五星级标准建造的上海首家露天人工温泉度假酒店。总体规划分为三期工程，包括餐饮、客房、别墅、会所、3A景区、商业街、宴会、老年健康疗养中心及接待大厅等各项设施，设有露天温泉、垂钓中心、水上运动、儿童乐园、拓展训练等多种康娱项目，是集商务会务、观光旅游、休闲度假、农家乐生活体验于一体的旅游度假胜地。

【科普之旅】

佘山上那个圆顶的建筑是上海向外太空张望的象征，那里称得上古董级的一个天文望远镜有上百年的历史了。松江，在它绵延的发展河流中，科学的烙印不仅留在了上海，在全国，也是举足轻重。年轻人之所以迷恋、尊重甚至仰视松江，其中一个原因就是那里有上百年历史的天文台和地震基准台。

松江的科普之旅，就此不同寻常。

请勿入内

你知道吗？

什么叫"维歇尔式地震仪"？

德国地球物理学家维歇尔设计制造的一种地震仪，曾在世界地震台广泛使用。它有一个保持平衡的摆锤，只要地面发生一点点"晃动"，摆锤就会运动，其产生的动力也会随之传到"记录笔"上，从而完整地记录整个地震波。上海地震科普馆的维歇尔式地震仪是世界上最古老的。

佘山天文台有哪两个最早？

佘山天文台是我国最早的现代意义上的天文台，清光绪二十五年（1899年）由法国传教士所建；1900年，从法国购置的40厘米口径双筒望远镜入驻佘山，这台"百年老镜"是我国最早的一台望远镜，为我国积累了大量珍贵的天文资料。

星空的奥秘：上海天文博物馆

松江区外青松公路西佘山公园内(近佘山天主教堂)

远古时候，人们为了农牧业生产活动的需要，必须知道季节的变更，就自然会观察太阳、月亮和星星在天空中的位置，找出它随时间变化的规律，并在此基础上编制历法。可以说，天文学是最古老的自然科学学科之一。在很多人心目中，中国现代最早的天文台应该是南京紫金山天文台。紫金山天文台确实是中国人自行建立的第一座现代天文台。但是，若论拥有中国现代最古老的大型天文望远镜、从事现代天文观测的天文台，那就要数佘山天文台了。

1872年，天主教的巴黎耶稣会传教士在上海建立了徐家汇天文台，从事气象天文等观测和预报。1900年，又在佘山新建一座天文台，安装了从法国购置的40厘米口径双筒折射望远镜，当时，它是亚洲最大的天文望远镜，伴随中西方几代天文学家度过无数不眠之夜，拍摄了大量珍贵的天体照片，其中包括1911年和1986年哈雷彗星的两次回归。

这座具有欧洲建筑风格的中国最古老的近代天文台，坐落在松江佘山之巅，如今已更名为上海天文博物馆。“百年天文台”展区讲述近代天文学在中国的发展历程；“聚焦望远镜”展区介绍了天文望远镜诞生400年以来引领天文学发展的历程；“时间与人类”展区则揭示了时间的基本概念。此外，博物馆还建有太阳观测中心和大众天文台，配置一台35厘米口径的天文望远镜，白天可以实时呈现太阳的影像，夜晚市民可以欣赏月球等天体迷人的真面目。

佘山天文台的镇台之宝就是那具40厘米口径双筒折射望远镜，它于1898年购置于法国巴黎高缇埃光学工厂，1900年安置在主楼的铁质大圆顶内，是中国最早的大型天文望远镜，迄今仍为中国最大的折射望远镜，佘山天文台即是为此望远镜而建设的。

难以捉摸的地震：上海地震科普馆

松江区外青松公路9142号西佘山公园内（环山路）

据统计，地球发生地震每年约500多万次，即每天发生上万次。其中绝大多数太小或太远，以至于人们感觉不到，真正能对人类造成严重危害的地震大约有十几至二十次。当前的科技水平尚无法准确预测地震的到来，但是世界上运转着数以千计的各种地震仪器，日夜监测着地震的动向，其中位于松江的上海地震科普馆就是其中一个。

上海地震科普馆坐落在有130年历史的佘山地震基准台，通过参观地震科普馆，可以观摩大地震的历史场景，看到一批珍稀的地震、地磁仪器。馆内保存着国内历史最悠久的地震地磁观测仪器和珍贵的观测资料，其中，爱丽奥特磁力仪（1879年英国制造）、维歇尔地震仪（1909年德国制造）、清朝时期的《皇朝直省地域全图》为镇馆之宝，从中可以了解到我国的地球物理观测发展的脉络。

在地震科普馆，可以亲历什么是“地震”。突然发力跺两脚，DD－1地震记录仪就会发生变化：如果指针的红墨水能画出一幅上下剧烈波动的监测图，那么说明脚头很重。如果不当心踩到了“震源”的机关，一颗金蛋就会“啪嗒”掉进候在下面的蛤蟆大张着的嘴里，其原理一看便知是源自张衡发明的候风地动仪。在训练厅里，可以自我考试：万一地震来了，会不会自救，进而救助他人。

万千植物世界：上海辰山植物园

万千植物世界：上海辰山植物园

植物与人类密不可分，在日常生活中四处可见植物的踪影。我们所吃的粮食和蔬果来自植物，身上的棉麻衣服来自植物，我们阅读书籍的纸张来自植物。植物给人类提供的资源，超乎想象。

人们对植物的好奇心，体现的是人类对生命的尊重。你能看到满世界的植物，但只有当你把植物与人类类比，你才会有一些疑问产生，比如植物能看、能听，或者它们有触觉和味觉吗？正是在这样的好奇心的驱使下，我们才能深入认识一个令人惊叹的植物世界。

目前地球上现存的植物有40万种左右，在当代全球气候变暖、雾霾严重、不断有物种消亡的背景之下，植物园的任务在悄然发生转变。辰山植物园根据园址中的自然条件，因地制宜地承担起以生态环保为核心的新任务。

辰山植物园这种综合性植物园功能多样，是一个城市取之不尽、用之不竭的资源，它既源于这个城市所处的自然环境，以及在这一环境中孕育出来的人文，而沿着时间的脉络，又是城市的历史和当代特点。

上海辰山植物园还是一个互动体验式科普教育场所，它举办了很多中小学自然课堂和夏令营等特色科普活动，并组织科普大讲坛和国际植物日等大型科普活动，让更多人了解植物和人类的密切关系。对于植物的拥趸来说，只是用眼睛看已经满足不了他们的需要了，他们还要亲手把喜爱的植物种出来。辰山植物园每年提供很多植物的种子，让更多的人亲手栽培，感受植物的生长变化。

✉松江区辰花公路3888号

探索衣食之源：五库农展馆

探索衣食之源：五库农展馆

据记载，三国时期，这里有个名叫吾彦的官员，因为姓吾，所以他居住的房屋就叫“吾舍”。“五库”就是由“吾舍”谐音而得名。五库拥有独具风貌的泖田，拥有碧水环抱的村庄，拥有绿树掩映的泖湖，更拥有勤劳勇敢的人们，他们世世代代在这里耕作。

农业发展一直是生存之本，衣食之源。位于松江区的五库农展馆更是把松江的农业文化作了很好的梳理展示。农展馆设六个常设展厅，进门呈现在眼前的是序馆，它布置自然，以上海之根为线索，展示上海陆地的形成与变迁。农耕文化馆，展示松江农业的发展；棉纺文化馆，以棉花种植历史和棉花生产为主线；稻作文化馆，展现丰富多彩的稻作文化，重点介绍农民科学家陈永康水稻育种和栽培的技术；种子文化馆，介绍种子生命形成的过程；农具文化馆，演绎上海农业发展的历史进程。还有一个多功能报告厅，以播放农业科普电影，举办农业科普报告会为主。

水稻状元、松江华阳桥乡人陈永康是五库农展馆重点推出的人物。他从一个普通的农民成长为著名的水稻专家，在国内外享有盛誉。由他研制的“老来青”良种在解放前就名闻遐迩，当年他所种的水稻平均亩产超500千克，产量最高达到717千克，这在现今也是难以想象的。

⊠ 松江区五库镇五库农业园区西库路8号

松江科技馆

松江科技馆最大的亮点，在于互动性，使青少年参观者在动手操作展品的同时，产生对科学的兴趣。整个场馆采用电脑虚拟成像、微缩模型等先进科技展示方法，城市科技展区更是通过小学三年级小朋友松松的一天，介绍松江新城所运用的跟市民生活息息相关的技术，具有鲜明的参与性、互动性、知识性、趣味性等特点。

⊠ 松江区中山东路237号

【赏花之旅】

“春有百花秋有月，夏有凉风冬有雪。若无闲事挂心头，便是人间好时节。”懂得欣赏自然万千美景，世间万事万物也会就此变得美好。百花盛开的季节，在山岗，在屋角，在田野，在河边，百花舒展，迎风怒放。她们的雍容、典雅、鲜艳和妩媚，千姿百态，呈现世界的精彩与生机。赏花的世界，是一个步入美的胜景。

上海人赏花，会去松江。这里有最大的植物园，这里有最美的自然乡野，从那漫山遍野的花的海洋里，能体味大自然的勃勃生机，感受人生的色彩斑斓和生命的青春活力。

你知道吗？

你知道吗?

赏花最需要注意什么?

春天赏花要远离花毒，以避免皮肤过敏。常见的杜鹃花、含羞草、夹竹桃、一品红、马蹄莲等，均含有毒物质，误食可导致中毒；五色梅、洋绣球、天竺葵等可引起过敏。像冬珊瑚、龟背竹、石蒜、百合花、郁金香等，都含有不同的过敏或者有毒物质。所以，赏花时最好以“眼观”为主，切不能随意将花草放入口中嚼食。

四季都盛开的花有哪些?

一年四季都盛开的花，有四季秋海棠、四季桂、月季、洋兰、剑兰、百合等。世界上寿命最短的花是小麦花，只开5～30分钟；寿命最长的花是热带一种兰花，大约80天左右。

辰山植物园的矿坑是如何形成的?

辰山植物园占了辰山的一部分，这里有一个百余年历史的人工采矿遗迹。当时的设计师用优雅的一抹步道，使其成为一个秀美的花园。

你知道“见血封喉”吗?

别以为“见血封喉”只是武侠小说家的大胆想象，它确实存在于现实世界，堪称植物界的“毒王”。“见血封喉”又名箭毒木，国家三级保护植物，是亚洲热带雨林的主要树种之一。“见血封喉”为常绿乔木树种，成年植株高可达40米，其茎干、枝、叶等都含有剧毒的乳白色汁液，一经接触人畜伤口，即可使人畜心律失常，继而出现心脏麻痹、血管封闭、血液凝固等现象，直至窒息死亡，故名“见血封喉”。古代人将它的汁液涂在箭头上，只要箭头擦伤猎物的皮毛见到血，那猎物肯定跑不远。而在战争期间，东南亚地区的人们也用涂了“见血封喉”汁液的弓箭来抵抗殖民者的侵略。

辰花路上赏樱花

每年3月中旬至4月下旬，都是樱花开得最好的季节。虽然樱花最出名的是日本，但是在中国也有很多可以赏樱花的地方，上海的松江就有赏樱花的好地方。

松江辰花路的樱花园包括千米樱花大道、樱花花丘、樱花花瀑和樱花花海等。日本早樱的开花时间约在3月中下旬，而垂枝樱、日本晚樱等开花时间要晚一些，预计将在4月上中旬开放。整个樱花花海的面积达到45万平方米,是上海最大的樱花林。最重要的是，这里看樱花都是免费的。

樱花烂漫时，游客可席地坐在樱花树下，一边休憩一边欣赏娇美的花瓣飘落，体验人与樱花相融的美妙感受。

佘山脚下寻桃花

桃花朵朵开，芳香扑鼻来。清明小长假期间，每天都有数千人次驱车到佘山赏桃花，踏青游乐。佘山是上海的最高峰、后花园，坐落在它山脚下的5000亩桃园，可谓是“世外桃源”。阳春三月桃花盛开之时，这里仿佛是霓虹般的童话世界，遍地桃红，一团团、一簇簇，风姿绰约，灿如云霞。与粉墙黛瓦、生活此间的居民和正在桃园里觅食的鸡鸭牛羊一起，组成了一幅春意盎然的“桃园盛景图”。

古人云：桃之夭夭、灼灼其华。一年当中，桃花盛开的季节只有一个星期。来吧，换上春装，跟上脚步，在那桃花盛开的地方，相约一次“人面桃花相映红”吧。

醉白池里静观杜鹃花

杜鹃花是中国十大传统名花之一，又是我国三大天然名花（杜鹃花、报春花、龙胆花）之首花，有“花中西施”之美誉。杜鹃花也是现代世界名花，被誉为“世界上最美丽的花卉”，品种很多，全世界原生种有八九百种。杜鹃花花朵繁密，花色丰富，婀娜多姿，色彩绚丽。白色花洁白纯真，堇紫色花淡雅宜人，红色花艳如朝霞。斑斓的色彩，配以飘逸的花姿，花团锦簇，娇艳如火，真是“回看桃李都无色，映得芙蓉不是花”。

中国古人非常喜欢杜鹃，有诗为证：“花中此物似西施，芙蓉芍药皆嫫母。”我国是杜鹃品种大国，园艺品种就更多了，一般分为春鹃、东鹃、西鹃和夏鹃四种。春鹃因其花多色艳、繁殖快，在园林绿化中，常被应用于地上栽培或造景。而西鹃因其花朵艳丽深受人们喜爱，但由于适应性、抗病性相对较差，故较适宜盆栽。

上海醉白池公园已经连续举办了多次杜鹃花展，主要以盆景为主。欣赏杜鹃盆景，一看桩的根基，是否扭曲有力，盘根如虎爪；二看根与枝，是否扭力攀升；三看枝干是否出枝自然；四看叶茂花盛。另外选盆很重要，盆要有古趣，托盘的材质工艺与盆和景也要完美相配。好的杜鹃盆景就是一幅立体的画，形神兼备，如你默默看着她时，她会用气场跟你对话，常常是“相看两不厌”。去醉白池看杜鹃花展，定有这样的“艳福”。

玫瑰园里觅玫瑰

五库现代农业观光园区东库路105号

玫瑰花盛开的时节，由日本园林专家参与精心设计的香薇玫瑰园，成了一个浪漫的地方。步入园内，只见部分爬藤玫瑰、树状玫瑰等多个早期品种已经盛开。一眼望去，有热情奔放的红玫瑰，鲜艳夺目的黄玫瑰，高贵浪漫的紫玫瑰，纯洁天真的白玫瑰，坚强沉稳的黑玫瑰……园内玫瑰种植面积达225亩，品种包括法国原种香水玫瑰、布鲁甘特、法兰西红、大游行、变色玫瑰、奶油冰淇淋等400余种。

玫瑰花盛花期预计在5月10日至6月初前后。届时，大片的玫瑰花朵将同时绽放，令人仿佛坠入玫瑰花海，美不胜收。值得一提的是，园内种有黄桃、水蜜桃、水晶梨、葡萄、枇杷等蔬果，如有兴趣，可以采摘回家。园林里还有赏花垂钓、自助烧烤、草坪派对、欢乐花宴、露天电影、帐篷露营等游乐项目。

新浜荷花

每年7月，正是荷花盛开的季节，受够了雾霾的都市人，都愿意来水净、气净、土净的新浜！早在1500年前，松江新浜由于地小多屿，形似荷叶，故名“荷叶地”。元朝时期，更因遍植荷花、莲花而得名“芙蓉镇”。如今的新浜镇，已经成为市郊最大的荷花种植基地，种植面积达千亩，品种包括子莲、飘花藕、大紫红、花莲等160余种荷花，以及牡丹莲、万维莎、千瓣莲等60余种睡莲。

走进新浜镇，随处可见接天莲叶撑起无边绿意，千亩荷花或亭亭玉立，或含苞待放，千般娇柔，万般清丽。在新浜镇，还可在荷花池边钓龙虾，到菜田里摘瓜果，或是去树林农舍边捉一只散养家禽，做成当地特有的土鸡煲、烧老鹅等传统土菜，品尝最新鲜的农家菜肴味道。

五库菊花

泖港镇五库农业园区
虹华园艺有限公司基地

东晋大诗人陶渊明写了“采菊东篱下，悠然见南山”的名句，而菊花也逐渐成了超凡脱俗的隐逸者之象征。金秋时节，去松江五库农业园区参加松江菊花文化节，赏菊游园、品菊花茶、吃农家饭、品农家菜，是金秋出行的雅致之举。占地250亩的上海虹花园艺菊花种植基地，是目前亚洲最大的菊花供应商，拥有2000多个菊花品种。

松江菊花文化节以七彩菊花花田、浪漫菊花花艺，改变着人们对传统菊展的印象。游客在观赏壮观菊景的同时，还能感受世外桃源般的惬意。园艺师以大地为画板，用七彩浪漫菊花来作画，打造了一个不一样的菊花展。成片种植的大色块花海，就像天边的彩虹“下凡”来到了“希望的田野”，各种品种、色彩的地被菊，配以成片的波斯菊，微风吹过，花香阵阵，色彩艳丽无比。

孩子们最喜欢展区内的“室外动物园”，那里用菊花和红绿草做的大象、老虎、大熊猫等动物造型栩栩如生。菊花展期间，园艺超市还提供盆花菊、切花菊，以及菊花保健枕、菊花香包、菊花茶、菊花饮料、菊花糕、菊花酒、菊花香囊等菊花衍生品销售。

昆秀湖里闻梅花

为什么在百花之中，中国人钟情于梅花呢？它不如茉莉清香，不如菊花美丽，不如桃花艳丽，但它的确很美，它的美绽放在风雪中，盛开在风雨里。当人们饱赏百花之俏丽，走出门外，看到这株傲于风雪之中的红梅，谁能不为她倾倒？谁能不被她征服？人们钟爱她冰肌玉骨、独步早春、凌寒留香的品性。所以，梅花是我国十大名花之一。

松江最佳的赏梅地，莫过于昆秀湖。这是上海市市政府在松江新开辟的一个大型湿地公园，是松江除上海辰山植物园外新开的第二个大型植物王国。这里没有古木名刹，也没有曲径通幽，但昆秀湖胜在清新的空气、青脆的鸟鸣、满目的绿色，透

出自然之美，原始之美。

公园内有水面宽广的昆秀湖湿地，还种植了数千棵诸如樱花、桃花、李花、梅花、茶花、石榴、柿子等果树及花卉。成片的梅花林是其中最独特的，全园种植梅花近2500多株，有朱砂梅、绿萼梅、宫粉梅、杏梅、樱李梅等。

成片梅花缤纷怒放，有的艳如朝霞，有的白似瑞雪，有的绿如碧玉，形成梅海凝云、云蒸霞蔚的壮观景象。梅花香味别具神韵、清逸幽雅，被历代文人墨客称为暗香。"着意寻香不肯香，香在无寻处。"让人难以捕捉却又时时沁人肺腑、催人欲醉。探梅时节，徜徉在花丛之中，微风阵阵略过梅林，犹如浸身香海，通体蕴香。

辰山植物园看四季花开

辰山植物园看四季花开

辰山植物园看四季花开

辰山植物园看四季花开

上海辰山植物园是华东地区规模最大的植物园，收集植物约9000种，正所谓一年四季，花天花地花满辰山。迎春花展拉开一年序幕，几万株球根花卉绽放，还有漂亮的郁金香和百合等，营造出浓浓的节日氛围；5月间，800多种月季盛放，近半公里长的爬藤月季墙蔚为壮观；冬日里，户外的植物有些萧瑟，辰山植物园的温室里却始终繁花似锦，圣诞花、兔子花、蟹爪兰等让人提前感受春的气息，高大的棕榈呈现热带风情。

辰山植物园的亮点之一，就是著名的矿坑花园，这是清华大学的朱育帆教授亲自设计的。这里原是一处采石场遗址，旁边的山崖切割笔直，多年的雨水积累，水深数米。设计者通过生态修复，并对深潭、坑体、迹地及山崖进行适当改造，终于成为一座风景秀美的花园，并一举拿下第二届中国建筑传媒奖。

亮点之二，就是由三个单体温室组成的温室群，是亚洲最大的温室，共展示植物3000多种。有热情奔放的热带花果园主题；荒凉苍茫的沙生植物馆；稀奇古怪的珍奇植物馆；最热门的多肉植物就有1000

多种……最有名的，莫过于每年的兰花展，温室收集、栽培和展示了1000余株兰科植物，蝴蝶兰和文心兰两大类群为主，点缀石斛、兜兰等珍品兰花，真正是植物园的点睛之笔。

温室的镇馆之宝分别是菩提树、贝叶棕、油橄榄和“见血封喉”。前两者是世界温室栽培中最高大的植株，高度分别为11米和13米；油橄榄是世界温室栽培中最古老的植株，树龄300多年；还有堪称植物界“毒王”的“见血封喉”。

上海辰山植物园以“植物与健康”为主题，既是植物科研和科普教育的基地，也是一个鲜花盛开、水鸟飞翔、乐趣无穷、令人向往的游览胜地。辰山植物园花开四季，但是最好的季节，当属春季和春夏交接的时候，这个时候气候宜人，百花齐放！

⊠松江区辰花公路3888号

松江旅游*乐游松江

图书在版编目（CIP）数据

乐游松江 / 松江区旅游局编. -- 上海：东方出版中心, 2016.9
ISBN 978-7-5473-1001-4

Ⅰ. ①乐… Ⅱ. ①松… Ⅲ. ①旅游指南－松江区 Ⅳ. ①K928.951.3

中国版本图书馆CIP数据核字(2016)第179554号

总编 赵勇
主编 许银章 高国相
统筹 娄建源
责任编辑 丁国生
策划 林倩
设计 一粒

乐游松江

出版发行 东方出版中心
社　　址 上海市仙霞路345号
电　　话 （021）62417400
邮政编码 200336
经　　销 全国新华书店
印　　刷 上海文艺大一印刷有限公司
开　　本 890×1240 1/32
印　　张 7
版　　次 2016年9月第1版 第1次印刷
书　　号 ISBN 978-7-5473-1001-4
定　　价 68.00元

东方出版中心邮购部 电话:(021)52069798